101 consejos para ayudar a tu hijo a calmar su ansiedad

Amat Editorial, sello editorial especializado en la publicación de temas que ayudan a que tu vida sea cada día mejor. Con más de 400 títulos en catálogo, ofrece respuestas y soluciones en las temáticas:

- Educación y familia.
- Alimentación y nutrición.
- Salud y bienestar.
- Desarrollo y superación personal.
- Amor y pareja.
- Deporte, fitness y tiempo libre.
- Mente, cuerpo y espíritu.

E-books:
Todos los títulos disponibles en formato digital están en todas las plataformas del mundo de distribución de e-books.

Manténgase informado:
Únase al grupo de personas interesadas en recibir, de forma totalmente gratuita, información periódica, newsletters de nuestras publicaciones y novedades a través del QR:

Dónde seguirnos:

 | @amateditorial

 | Amat Editorial

Nuestro servicio de atención al cliente:
Teléfono: **+34 934 109 793**
E-mail: **info@profiteditorial.com**

Poppy O'Neill

101 consejos para ayudar a tu hijo a calmar su ansiedad

DESCARGO DE RESPONSABILIDAD
Ni el autor ni el editor podrán ser considerados responsables de ninguna pérdida o reclamación derivada del uso, o mal uso, de las sugerencias aquí formuladas. Ninguna de las opiniones o sugerencias de este libro pretenden sustituir la opinión de un médico. Si le preocupa su salud o la de un niño que esté a su cargo, acuda, por favor, a un profesional.

La edición original de esta obra ha sido publica en lengua inglesa por Summersdale Publishers con el título *101 Tips to Help your Anxious Child*, de Poppy O'Neill.

© Poppy O'Neill, 2023
© Profit Editorial I., S.L., 2023
    Amat Editorial es un sello de Profit Editorial I., S.L.
    Travessera de Gràcia, 18-20, 6º 2ª; Barcelona-08021

Diseño de cubierta: XicArt
Maquetación: Marc Ancochea

ISBN: 978-84-19341-66-2
Depósito legal: B 17275-2023
Primera edición: Noviembre de 2023

Impresión: Gráficas Rey
Impreso en España - *Printed in Spain*

ÍNDICE

CÓMO UTILIZAR ESTE LIBRO

Si has elegido este libro, es probable que formes parte del creciente número de padres y cuidadores preocupados por la salud emocional de sus hijos. Todos los niños —de hecho, todos los seres humanos— experimentan luchas emocionales tales como la ansiedad, y reconocer este hecho es el primer paso para gestionar y reducir estas luchas.

Estudios recientes han revelado que uno de cada ocho niños y jóvenes de entre 5 y 19 años padece un trastorno de salud mental, y que el 7,2 % de los niños sufre un trastorno de ansiedad.* Con independencia de que tu hijo sufra ansiedad en este grado, es importante darle las herramientas necesarias para regular sus emociones con el fin de que se convierta en un joven sano y seguro de sí mismo.

La ansiedad puede presentarse de forma muy diferente según el grupo de edad; por ejemplo, los niños más pequeños pueden tener dolores de estómago o rabietas, mientras que los niños mayores y los adolescentes suelen experimentar ansiedad social o miedo al fracaso.

------

* Fuente: NHS (Servicio Nacional de Salud del Reino Unido).

Este libro, que adopta un enfoque holístico y recurre a diversos métodos entre los que se incluyen terapias de conversación de eficacia probada (como la TCC) y formas de desarrollar estrategias de afrontamiento, junto con consejos sobre relajación, atención plena y nutrición, pretende ayudar a los padres a comprender la ansiedad de sus hijos y ofrecerles inspiración sobre cómo controlarla y reducirla.

Cada niño es diferente, así que elige los consejos que más te gusten y mejor se adapten a tu hijo.

INTRODUCCIÓN

Todos experimentamos ansiedad: es una emoción humana de lo más normal. Pero a menudo puede resultar irracional, y cuando la ansiedad empieza a ser abrumadora puede afectar a nuestra calidad de vida, nuestra salud física y nuestras relaciones.

La manera en que funciona y se manifiesta la ansiedad es única en cada persona. Sin embargo, es posible que reconozcas en tu hijo algunos de estos signos comunes:

▶ **Reticencia a probar cosas nuevas**

▶ **Incapacidad para afrontar los retos cotidianos**

▶ **Dificultad para concentrarse**

▶ **Problemas para dormir o comer correctamente**

▶ **Propensión a los arrebatos de ira**

▶ **Irritabilidad frecuente**

▶ **Pensamientos angustiosos**

▶ **Preocupación excesiva por acontecimientos futuros**

▶ **Búsqueda constante de seguridad**

▶ **Sensación de tensión la mayor parte del tiempo**

Si estos rasgos te suenan, no te asustes. Echa un vistazo a los consejos de este libro para ayudar a controlar y, en última instancia, reducir los niveles de ansiedad de tu hijo y tómalo como punto de partida.

Capítulo 1

Hablar y escuchar

Uno de los aspectos
más difíciles de la crianza de un hijo
ansioso es que a menudo carece
del lenguaje necesario para expresar
lo que siente, sobre todo cuando
experimenta pánico.

La preocupación por cómo
reaccionen los demás también
puede hacer que el niño sea
reacio a expresarse.

En este capítulo veremos
cómo iniciar una conversación
con tu hijo sobre cómo
se siente.

Encontrar el momento y el lugar adecuados para hablar

Sentarte con tu hijo para «charlar» puede no ser la mejor estrategia, ya que podría parecerle poco natural e intimidatorio. Intenta abordar el tema mientras realizáis una actividad tranquila los dos solos. Por ejemplo, mientras trabajáis en el jardín, paseáis, cocináis o coloreáis juntos. Tener otra cosa en la que concentrarse, y menos contacto visual, puede hacer que las conversaciones complicadas fluyan más fácilmente.

Quítale presión y no le fuerces si no quiere hablar o no puede explicar lo que le pasa. Ten paciencia, confía en tu instinto y deja que sea tu hijo quien tome la iniciativa.

Cómo escuchar

Si escuchas de la manera adecuada, tu hijo se sentirá seguro al expresarse contigo. Deja que hable y responde utilizando el lenguaje corporal para demostrar que le escuchas y le comprendes. Cuando llegue el momento, parafrasea lo que ha dicho para demostrarle que le prestas toda tu atención. Es importante recordar que no tienes por qué estar de acuerdo con tu hijo —muchas de sus preocupaciones pueden ser irracionales—, pero puedes darle apoyo emocional y empatizar con él.

Prueba con estas frases:

+ «Te escucho».
+ «Entiendo que eso te haga sentir triste/preo-cupado/enojado».
+ «Eso tiene sentido».
+ «¿Cómo lo sientes en tu cuerpo?».

Esta técnica se denomina «escucha activa» y la utilizan los terapeutas para animar al interlocutor a abrirse.

¿Qué es normal para tu hijo?

Cuando se trata de tu hijo, tu instinto es insuperable. Si notas algo mal o diferente, confía en esa sensación, aunque no sepas exactamente a qué se debe.

Intenta determinar qué ha cambiado. Piensa en la rutina diaria de tu hijo, su estado de ánimo, su lenguaje, su comportamiento y sus reacciones ante los acontecimientos cotidianos. Anota brevemente el antes y el después del cambio. También vale la pena hablar con otros adultos que formen parte de la vida de tu hijo (su profesor, por ejemplo) para tener una visión más completa.

Puede ocurrir que tu hijo esté tratando de hacer frente a un acontecimiento de la vida —como una mudanza, una enfermedad, un nuevo colegio, el acoso escolar o la pérdida de un ser querido—; nuestras reacciones ante estas cosas pueden llegar tarde o no guardar aparentemente relación con ellas, así que mantén la mente abierta y considera todas las posibilidades.

Leer entre líneas

Si tu hijo insiste en que no le pasa nada, vale la pena considerar qué barreras puede haber que le impidan expresarse plenamente. A menudo sucede que a nuestros hijos les preocupa enfadarnos o disgustarnos, así que puedes intentar tranquilizarle de antemano. Si has reaccionado emocionalmente a algo que te ha dicho antes, en primer lugar perdónate a ti mismo. Reconócelo ante tu hijo y discúlpate: «Sé que me enfadé aquella vez que hablamos, y eso estuvo mal por mi parte. Lo siento y te prometo que esta vez no me enfadaré contigo».

El objetivo es que tu hijo se sienta seguro y sin presiones, así que nunca le fuerces a hablar y confía en que acudirá a ti cuando esté preparado.

Cuando tu hijo no puede expresarlo con palabras

Hablar no es la única forma que tenemos los seres humanos de comunicarnos y a menudo los sentimientos pueden expresarse más cómodamente de otras maneras más creativas. Prueba estas herramientas alternativas de comunicación:

- **Escribir poesía o una carta**
- **Dibujar**
- **Representar situaciones con arreglo a la edad utilizando juguetes, personajes de ficción o juegos de rol**
- **Utilizar *emojis*: imprime una selección y colócala en la puerta de la nevera, o utiliza mensajes de texto si tu hijo tiene teléfono**

Si sientes incomodidad ante lo que expresa tu hijo, es útil recordar que las investigaciones han descubierto que expresar emociones difíciles a través del juego creativo es una de las formas más eficaces que tienen los niños de procesar sus sentimientos y mejorar su salud mental.

Vínculos afectivos

Encuentra actividades que a tu hijo y a ti os guste hacer juntos y ¡hacedlas más a menudo! Puede ser algo tan sencillo como hacer la compra, ver vuestro programa de televisión favorito o jugar a un juego de mesa: no subestimes el poder de estos momentos compartidos. Son la base de la comunicación y la confianza.

Dedica tiempo cada semana a estrechar lazos y deja que las conversaciones fluyan con naturalidad. Hablad de todo un poco y tu hijo se sentirá capaz de compartir también contigo su salud mental y emocional.

Cómo hablar de las emociones

Las emociones forman parte del ser humano. La vida sería increíblemente aburrida sin ellas. El objetivo no es evitar las emociones negativas, sino sobrellevarlas, aceptarlas y dejarlas ir.

Todas las emociones, tanto las positivas como las negativas, son temporales. Y todas las emociones son válidas. Lo que tu hijo siente nunca puede estar «mal». A veces las emociones pueden llevar a comportamientos que no son seguros, por lo que es muy importante estar atento a ellos *(véase la página 94)*.

Dile a tu hijo que no pasa nada por sentirse como se siente. No pasa nada por llorar, reír o fruncir el ceño, y tu hijo no tiene por qué estar contento todo el tiempo.

Cómo hablar de la ansiedad

Sea cual sea la edad de tu hijo, puedes explicarle por qué sentimos ansiedad en términos evolutivos y biológicos. He aquí una forma sencilla de hacerlo:

●

«La ansiedad es un tipo de miedo o preocupación. Es muy útil para mantenernos a salvo y evitar que hagamos cosas peligrosas. Pero a veces nuestro cerebro no es capaz de distinguir entre el peligro real y el imaginario, así que produce sensaciones de ansiedad en nuestro cuerpo por si acaso».

●

La emoción de la ansiedad suele traer consigo sensaciones y pensamientos incómodos. Pregúntale a tu hijo: «¿Qué sientes en el cuerpo? ¿Puedes señalar dónde lo sientes? ¿Qué pensamientos tienes en la cabeza?».

No dudes en investigar más a fondo la ansiedad con tu hijo: podéis encontrar muchos recursos on-line, pero aseguraos que sean sitios oficiales de confianza. Cuanto mejor la entienda, mejor preparado estará para afrontarla.

Identificar los factores desencadenantes

Probablemente puedas enumerar las cosas que desencadenan la ansiedad de tu hijo. Determinados momentos del día, situaciones o incluso una persona concreta pueden hacer que aumenten sus niveles de estrés.

Intenta identificar estos desencadenantes y habla con tu hijo sobre ellos. Pregúntale: «Cuando ocurre esto, ¿cómo te sientes?».

Si hay muchos desencadenantes, intenta buscar un tema unificador; puede tratarse de situaciones sociales, del cambio de ropa, de las conversaciones con adultos... La ansiedad subyacente se manifestará de modo particular en tu hijo.

En lugar de evitar por completo estas situaciones, trata de quitarle algo de presión y hacer que tu hijo se sienta más cómodo. Pídele ideas y hazle sugerencias. Intenta buscar soluciones juntos, dejando que tu hijo asuma un papel activo en la gestión de su ansiedad.

Cuando tu hijo siente pánico

Cuando los seres humanos sentimos mucha ansiedad, nuestros cerebros racionales pueden desconectarse. Además de la dificultad para respirar, la necesidad de esconderse y la aceleración del ritmo cardíaco, a menudo los signos externos de un ataque de pánico en un niño pueden etiquetarse como mal comportamiento. Es útil cambiar la percepción y verlo como una expresión involuntaria de pánico en lugar de como una «actuación».

Una crisis de ansiedad es una situación sumamente inestable, por lo que debes mantener la calma, moverte con ella y ser intuitivo. En un momento dado, tu hijo puede necesitar que le hables con voz clara y firme, y al cabo de un instante estar listo para un abrazo.

No esperes que tu hijo actúe guiado por la lógica o se exprese con claridad. Resiste el impulso de sermonear, cuestionar o avergonzar a tu hijo. Puedes hablar de cualquier comportamiento problemático más adelante; ahora lo importante es ayudar a tu hijo a regular sus emociones y volver a sentirse seguro.

No te lo tomes como algo personal

Puede que te resulte difícil escuchar lo que te dice tu hijo. Recuerda que está lidiando con grandes emociones y es posible que le cueste expresarse. Además, los niños son muy egocéntricos y no controlan sus impulsos. Es importante que no te tomes a pecho sus palabras, te culpes o empieces a creer que eres un mal padre.

Intenta dejar de lado las palabras duras que pueda decirte tu hijo y céntrate en el sentimiento subyacente. Tu hijo necesita saber que le quieres pase lo que pase. (Si dice algo que es inaceptable para ti, habla con él de ello más tarde, cuando ambos estéis tranquilos).

Mantén la atención en tu hijo y ten en cuenta que está hablando de su propio mundo interior, incluso cuando sus palabras se dirigen al exterior.

Cambiar tu lenguaje

Es importante que trates a tu hijo como un individuo en todo momento. Intenta pasar de etiquetar a tu hijo a etiquetar la emoción o el comportamiento del que hablas. Por ejemplo, en lugar de decir: «Eres un aprensivo», di: «Ahora mismo se te nota ansioso/preocupado».

Este cambio en el lenguaje ayudará a tu hijo a comprender que sus emociones no le definen ni forman parte permanente de su personalidad.

Todos experimentamos ansiedad en mayor o menor medida. El truco está en no apegarnos al sentimiento y dejar que pase de forma natural.

Lo que no hay que decir

Es habitual que intentemos minimizar las emociones difíciles de nuestro hijo con un lenguaje tranquilizador. Estamos acostumbrados a reprimir o ignorar los sentimientos difíciles con la esperanza de que desaparezcan, ¡pero esto no funciona!

Frases que debemos evitar:

- **No es para tanto**
- **Vete a dormir**
- **Deja, ya lo hago yo**

Todas estas frases intentan resolver el problema sin abordar realmente la ansiedad de tu hijo. Al oír estos mensajes, tu hijo creerá que sus sentimientos no son válidos, por lo que será menos probable que se exprese.

CAPÍTULO 2

Cómo ayudar a tu hijo a relajarse

Relajarse es
una habilidad vital
que resulta más natural
para unos que para otros.
Los niños con ansiedad
pueden necesitar un poco
más de ayuda a la hora
de aprender qué les funciona
y cómo relajarse correctamente,
así que echa un vistazo a
las ideas de este capítulo
y prueba algunas para
ver qué es lo que
te funciona.

Hacer una lista de reproducción relajante

Las melodías que nos relajan varían de una persona a otra. Para ti puede ser la música clásica la que alivie una mente agotada, pero para tu hijo solo la música *dance*. Los gustos humanos rara vez siguen una lógica, así que opta por lo que le vaya bien a tu hijo e intenta no juzgarle. Si la música no le gusta, puedes probar con una aplicación de afirmaciones (mensajes cortos, positivos y repetitivos), meditaciones guiadas (instrucciones grabadas en las que concentrarse mientras se medita) o audiolibros.

Ayúdale a confeccionar una lista de reproducción que le relaje y a la que pueda conectarse cada vez que necesite un descanso de sus pensamientos.

Actividades relajantes para la mente y el cuerpo

Las investigaciones han demostrado que las actividades rítmicas y reiteradas relajan y reconfiguran la conexión entre el cerebro y el sistema nervioso del niño, lo que le permite regular mejor sus emociones.

Las actividades rítmicas incluyen:

- ▶ Caminar
- ▶ Bailar
- ▶ Correr
- ▶ Saltar en una cama elástica
- ▶ Tocar un instrumento de percusión
- ▶ Cantar
- ▶ El yoga
- ▶ Los ejercicios respiratorios

Cuando tu hijo está en compañía de un adulto en el que confía y con el que se siente cómodo, un poco de una o varias de estas actividades cada día puede tener un notable efecto en su salud mental, según una investigación realizada por el psiquiatra estadounidense Bruce Perry.

Leer

Perderse en un libro es una forma maravillosa de relajarse y evadirse del mundo real durante un rato. Las investigaciones han descubierto que, con solo seis minutos de lectura, los niveles de estrés se reducen hasta en un 68 %.* Es más, estudios recientes muestran cómo leer ficción puede mejorar la capacidad de autocompasión. Cuando sentimos compasión por nosotros mismos, somos más amables y aceptamos mejor nuestras peculiaridades y emociones, lo que se traduce en una disminución de la ansiedad.

Busca libros populares adecuados a su edad y lleva a tu hijo a una biblioteca o librería para que elija unos cuantos. Siempre hay algo para cada niño y muchas novelas juveniles forman parte de una serie, así que no le faltará material de lectura cuando haya encontrado su lugar.

---

* Fuente: Universidad de Sussex

Colorear

Prueba con un libro para colorear. Se ha demostrado que colorear tiene los mismos beneficios para la salud que la meditación, ya que permite al cerebro del niño desconectar y concentrarse en una cosa, lo que a su vez reduce la ansiedad y restablece la sensación de bienestar. Dedicarse con regularidad a una actividad sencilla y creativa como colorear es una poderosa herramienta para crear una mente más tranquila.

Hay montones y montones de libros para colorear para todas las edades y gustos, así que tómate tu tiempo para elegir uno que pueda gustarle a tu hijo. Acompáñalo de un nuevo paquete de rotuladores o lápices de colores para hacer un regalo realmente especial.

Meditación de un minuto

Prueba a leerle esta sencilla meditación a tu hijo, mientras está sentado o tumbado en algún lugar cálido y cómodo:

Respira normalmente y relaja la cara. Cierra los ojos. Relaja los hombros, los brazos, la tripa, las caderas, las piernas y los dedos de los pies. Imagínate a ti mismo como un estanque circular de agua. Los pensamientos o sentimientos pueden hacer que aparezcan ondas en tu superficie, pero cada una de ellas se calma y desaparece sin esfuerzo. Debajo de la superficie siempre eres agua tranquila y clara. Tal vez haya pequeños peces brillantes en el estanque, ¿puedes seguirlos? Nadan en círculos lentos, zigzagueando entre plantas verdes que se mecen. Suaves rayos de sol centellean a través del agua. Cuando estés preparado, sigue a uno de los peces hasta la superficie; puedes mover los dedos de los pies para ayudarte. Ahora, mueve la cintura y los hombros, gira la cabeza de un lado a otro y abre los ojos lentamente.

Estar en la naturaleza

Los estudios demuestran que el aire fresco tiene un efecto calmante sobre el cuerpo y la mente, reduciendo considerablemente el ritmo cardíaco y el estrés. Siempre hay mucho que ver y hacer en cualquier espacio verde, así que ¿por qué no visitas el parque o la reserva natural más cercanos con tu hijo? Caminar y trepar a los árboles son excelentes formas de hacer ejercicio, y puedes prestar un poco de atención consciente a tu entorno fijándote en las pequeñas cosas con las que te cruzas. Si te fijas bien, el musgo, hallazgos estacionales como las castañas y las bellotas, las pequeñas criaturas, los líquenes y los hongos son bellos y fascinantes. Incluso puedes animar a tu hijo a que haga fotos o dibujos de lo que encuentre.

Deporte y ejercicio

Sea cual sea el temperamento de tu hijo, seguro que hay una forma de ejercicio que se adapta a él. Se ha demostrado que el ejercicio regular reduce la ansiedad y refuerza la confianza en uno mismo, además de ser bueno para mantener la salud física y el bienestar. Si lo suyo es el deporte de competición, busca clubes locales, que a menudo ofrecen sesiones de prueba gratuitas.

Los que prefieren un entorno no competitivo tienen mucho donde elegir. Los deportes acuáticos y las artes marciales son opciones estupendas para mejorar la forma física y hacer nuevos amigos. Si tu hijo prefiere hacer ejercicio solo o contigo, hay montones de tutoriales de yoga en internet para todas las edades, o simplemente ponte las zapatillas de correr y salid a correr juntos.

Aficiones meditativas

Aquellas actividades en las que tu hijo puede utilizar las manos de forma metódica y rítmica tienen un efecto calmante sobre el cerebro y aportan beneficios como una disminución del ritmo cardíaco, patrones de sueño más saludables y un mejor estado de ánimo, similares a los de la meditación. Prueba con algunos diseños sencillos de papiroflexia o invierte en materiales para manualidades como punto de cruz, ganchillo o pulseras de la amistad. Los juguetes que permiten seguir instrucciones y crear libremente, como Lego o Hama Beads, son divertidos a cualquier edad. ¿Por qué no te apuntas tú también?

Pasar tiempo con animales

Se ha comprobado que estar rodeado de animales reduce la ansiedad de niños y adultos. Los perros y los caballos se utilizan a menudo en entornos terapéuticos, ya que proporcionan una presencia sin prejuicios que facilita la comunicación y promueve un ambiente tranquilo, ayudando a los niños a regular sus emociones.

Interactuar con mascotas u otros animales proporciona un entorno sin presiones en el que los niños pueden expresarse. Compartir afecto y hablar con los animales puede ser mucho menos abrumador que hacerlo con otros seres humanos.

Si tienes una mascota, puedes animar a tu hijo a que pase más tiempo con ella. Si no, busca granjas locales donde los niños puedan tener experiencias activas con los animales, u organiza encuentros regulares con la mascota de un amigo.

Llevar un diario

Los pensamientos ansiosos tienen la costumbre de arremolinarse, repetirse y amplificarse. Prueba a darle a tu hijo un diario en el que pueda escribir o dibujar lo que se le pasa por la cabeza. Tranquilízale diciéndole que no tiene que escribir cosas positivas, resolver problemas, dar sentido a las cosas ni enseñar su diario a nadie (ni siquiera a ti).

Prueba con estas sugerencias si necesitas un poco de inspiración:

▶ Describe o dibuja tus emociones en este momento.
▶ ¿Qué pensamientos tienes en la cabeza?
▶ ¿Qué tres cosas buenas podemos decir del día de hoy?
▶ ¿Qué ha sido lo peor de hoy?

El hecho de escribir nuestros pensamientos en un papel nos permite desprendernos de ellos más fácilmente.

Conectar con la tierra

Caminar descalzo sobre la hierba, la tierra o la arena tiene un efecto calmante natural sobre el cuerpo humano. Anima a tu hijo a pasar algún tiempo al aire libre sin zapatos ni calcetines, y a prestar atención a las sensaciones en la planta de los pies.

Se trata de un ejercicio de atención plena que, además, pone a tu hijo en contacto con la energía natural de la tierra, desplazando su atención de su mente a su cuerpo. Probad a hacer este ejercicio juntos y comprueba si tú también notas la diferencia.

Respirar

En momentos de ansiedad, la respiración puede hacerse superficial y arrítmica. Puede resultar extraño recordarle a tu hijo que respire, así que prueba a acercarte a su campo de visión y respirar juntos profundamente.

He aquí una sencilla técnica de respiración que puedes enseñar a tu hijo:

●

Inspira por la nariz durante cinco segundos, contén la respiración durante otros cinco y espira por la boca haciendo un suspiro.
Utiliza los músculos abdominales para vaciar suave y completamente los pulmones.

●

La respiración profunda ayuda a liberar la tensión corporal, regula los niveles de serotonina en el cerebro, mejora el estado de ánimo y favorece la sensación de bienestar. Si enseñas a tu hijo a respirar profundamente, le darás una valiosa herramienta de relajación que podrá utilizar cuando y donde la necesite.

Dar saltos

Esto podría parecer fuera de lugar en un capítulo sobre relajación, pero a veces la energía ansiosa necesita
ser quemada en lugar de calmada.

Puede ser difícil convencer a algunos niños para
que se pongan en movimiento. Sugiérele a tu hijo una
actividad en la que no se sienta ridículo. Aquí tienes
algunas ideas para empezar:

- ▶ **Hacer algunos saltos de tijera**
- ▶ **Esprintar por el jardín**
- ▶ **Probar una rutina de baile enérgica**
- ▶ **Jugar a la pelota**
- ▶ **Correr enérgicamente sin moverse del sitio**

Piensa en ello como una forma de ahuyentar la ansiedad. Moverse así hace que la atención se desplace
de la cabeza al cuerpo, quema energía nerviosa y ayuda a regular la respiración.

Hacer una guarida

Algunos niños pueden beneficiarse de una «guarida» a la que retirarse cuando se sientan ansiosos. Puede ser un espacio debajo de una mesa o incluso un tipi de interior. Hazlo acogedor con cojines y mantas. Es importante que hables con tu hijo de cómo quiere utilizar este espacio. Cuando está en su guarida, ¿quiere estar solo o quiere que le prestes atención? Tal vez puedas hacer carteles para colgar fuera que digan cosas como «No molestar», «Necesito un abrazo» o «Ven y siéntate conmigo».

CAPÍTULO 3

Potenciadores del estado de ánimo

La ansiedad
puede traer consigo
una espiral de negatividad,
por lo que resulta muy útil
tener en la manga algunos trucos
de eficacia probada para
cuando tu hijo necesite
un empujón de positividad.
Prueba alguno de
estos consejos cuando
necesites frenar la ansiedad
en seco.

Caprichos

Ya sea una galleta triple de chocolate o una salida a la piscina, tú sabes qué es lo que más le gusta en el mundo a tu hijo.

¿Por qué no instaurar la costumbre de darse un capricho en familia, eligiendo por turnos para que todos tengan la oportunidad de hacer lo que más les gusta? No tiene por qué ser algo grande o extravagante: elegir qué hay para cenar o qué película ver juntos son caprichos encantadores.

Aunque demasiados caprichos pueden tener un efecto negativo, un poco de trato especial en el momento oportuno ayudará a tu hijo a sentirse querido, valorado y apreciado incluso cuando se sienta bajo de ánimo.

Jugar

Jugar es esencial para el desarrollo saludable del cerebro humano. Los estudios han descubierto que el juego nos ayuda a aprender a sortear lo inesperado, lo que significa que, cuanto más jugamos, menos ansiedad sentiremos ante el mundo que nos rodea.

El juego puede ser diferente según la edad de tu hijo, así que déjale que tome la iniciativa. Asegúrate de que todos los días haya tiempo para jugar, lejos de las pantallas. Jugar puede significar salir al aire libre con sus amigos, dibujar, hacer representaciones o actuaciones, construir, componer música... Cualquier cosa en la que tu hijo pueda dar rienda suelta a su imaginación será un excelente antídoto contra el estrés y la ansiedad.

Quien canta su mal espanta

Se ha demostrado que cantar reduce la ansiedad y libera las tensiones corporales. Cantar a viva voz un clásico en el coche es también una excelente experiencia para estrechar lazos. Podéis conectar sin necesidad de conversar, haciendo el tonto juntos y estimulando vuestros niveles de energía con la canción que elijáis. La mímica y el *air guitar* también funcionan, siempre que lo des todo. Incluso puedes hacer una lista de canciones que te hagan sentir bien para ponerlas y cantar con ellas.

CONSEJO
31

Día de sofá y manta

Sobre todo si el tiempo ahí fuera es gris, intenta cancelar lo que tengas que hacer ese día y quedaos en pijama. Acurrucaos juntos con una película que os haga sentir bien, chocolate caliente con todos los acompañamientos y vuestras zapatillas más cómodas.

Un día sin necesidad de ser productivo dará a tu hijo un respiro de cualquier presión que pueda estar sintiendo. A veces es difícil tomarse un respiro, sobre todo cuando uno se siente ansioso: el impulso es seguir moviéndose y mantenerse alerta. Un día tranquilo y relajado hará que tu hijo se sienta querido, descansado y preparado para afrontar los retos de la semana.

Repostería

Hacer repostería juntos es divertido, creativo y ¡se pueden comer los resultados! Trata de enfocarlo como una experiencia consciente. Siente las texturas, concéntrate en el efecto de cada nuevo ingrediente que añadas a la mezcla y trabaja metódicamente en cada fase de la receta sin prisas.

No te preocupes por el desorden: limpiar juntos también es una excelente experiencia para estrechar lazos.

Prueba recetas poco estresantes como tortas de avena, piruletas de bizcocho, galletas o magdalenas que aseguran el máximo sabor con una gran versatilidad, ¡y no te olvides de lamer el bol!

Echar una mano

Actuar de forma altruista libera endorfinas en el cerebro y reduce el estrés y la ansiedad. No hay nada como la cálida y suave sensación de ayudar a alguien sin esperar nada a cambio.

Anima a tu hijo a aportar un poco de altruismo a su vida haciendo un favor a un vecino anciano, regalando pertenencias que no desee o participando en un mercadillo benéfico de dulces o en un proyecto comunitario.

Aprenderá el placer de dar y cómo ello puede elevar incluso los estados de ánimo más bajos.

Crear una estantería de salud mental

Guarda películas que desprendan buenas vibraciones, libros con citas motivadoras, fotos apreciadas, juguetes para el estrés y mantas suaves en un lugar donde tu hijo pueda acceder a ellos siempre que necesite un estímulo.

Si la idea de una estantería no resulta práctica, puedes utilizar una caja, un cajón o una maleta. Puedes animar a tu hijo a que personalice la suya, convirtiéndola en un lugar atractivo al que acudir en los momentos en que se encuentre flojo. Asegúrate de que esté bien provista de objetos familiares y reconfortantes que ayuden a tu hijo a recuperar su sensación de bienestar.

Ser creativo

Los estudios han demostrado que la creatividad es una parte esencial de la curación de las heridas emocionales. Sea cual sea el medio preferido de tu hijo, no subestimes el poder de ejercitar la creatividad. Intenta restar importancia a la idea de lo bueno y lo malo, céntrate en el proceso y déjale crear sin presiones ni comparaciones con los demás.

Si tu hijo no sabe qué crear, ofrécele inspiración. Aquí tienes algunas ideas para despertar tu creatividad:

- **La casa de tus sueños**
- **Un cartel para la película de la historia de tu vida**
- **El menú de un restaurante**
- **Un artículo de revista sobre tu afición favorita**

Asegúrate de tener siempre a mano en casa materiales básicos como bolígrafos, lápices y papel, de modo que tu hijo pueda recurrir a la creatividad cuando le apetezca.

Expresar las emociones de forma saludable

No es algo que haya que reservarse para los momentos difíciles. Todos experimentamos emociones a lo largo del día. Tómate un momento para plantearle a tu hijo (o recordarle que se plantee) esta secuencia de preguntas:

- ¿Cómo te encuentras?
- ¿Puedes localizar esa sensación en tu cuerpo?
- ¿Qué pensamientos acompañan a esa sensación?
- ¿Y si dejas que tu cara y tu cuerpo se muevan con esa sensación?

Hazle saber que no pasa nada si llora, se enfada, se acurruca, necesita un abrazo, lo rechaza, habla o calla. También está bien sonreír, reír o bailar. Mantén la calma y recuerda no juzgar ni tomarte las emociones de tu hijo como algo personal.

Risas

La risa relaja los músculos faciales y libera endorfinas en el torrente sanguíneo, lo que la convierte en un infalible estimulante del estado de ánimo.

¿Qué hace reír a tu hijo? Puede que sea una película en particular, una cara graciosa o puede que le encanten las cosquillas. Una pelea de almohadas o rodar por una cuesta son formas garantizadas de hacer reír a cualquiera.

La risa reduce los niveles de cortisol en el cuerpo casi de inmediato y los estudios han demostrado que reírse con regularidad aumenta la sensación general de bienestar, incluso después de haber terminado de reír.

Poner orden

Puede sonar un poco optimista, pero los beneficios para la salud mental tanto de un entorno ordenado como del acto de ordenar están bien fundamentados. Elige un pequeño espacio, cajón o estantería para organizar u ordenar. Trabajad juntos o deja que tu hijo lo haga solo, lo que le parezca mejor. Pasar del caos al orden es muy satisfactorio y ambos os sentiréis mejor. Puedes poner música alegre para que ordenar sea más un juego que una tarea.

¡Puede que incluso redescubráis algunos tesoros por el camino!

Cultivar algo

Cultivar su propia planta enseñará a tu hijo responsabilidad y paciencia, además de proporcionarle un sentimiento de satisfacción al verla crecer y florecer o dar frutos. Regálale a tu hijo una maceta, tierra y semillas para que pueda cultivar la suya propia.

Que empiece por una planta fácil de cultivar, como una tomatera, un girasol o un aguacate. También puedes comprarle un cactus o una suculenta que requiera poco mantenimiento.

Incluso a pequeña escala, se ha demostrado que el contacto con la naturaleza tiene un efecto positivo sobre la salud mental. Los estudios demuestran que el 90% de nosotros nos sentimos mejor simplemente estando cerca de las plantas.

Deshacerse de los pensamientos negativos

Sacar los pensamientos negativos de la mente y plasmarlos en un objeto físico es sumamente terapéutico, sobre todo cuando luego puedes tirarlo a la basura. Usar algo que está destinado a ser desechado elimina la gravedad asociada a estos pensamientos.

Aquí tienes algunas ideas que puedes probar:

- ▶ **Escribe con tiza en una piedra y tírala al mar.**
- ▶ **Escribe preocupaciones en un trozo de papel higiénico limpio y tíralo por el retrete.**
- ▶ **Escribe en un trozo de papel y rómpelo en pedacitos.**

Deshacerse de los pensamientos problemáticos de una manera tan literal como esta puede ayudar a romper los ciclos de pensamiento negativo y darle a tu hijo descanso de una mente demasiado ocupada.

Tomar el sol

Cuando salga el sol, anima a tu hijo a pasar tiempo al aire libre. Nuestro cuerpo genera la mayor parte de la vitamina D a partir de la luz solar, que ayuda a nuestro cerebro a producir serotonina y dopamina, sustancias químicas que mejoran el estado de ánimo.

Un paseo, una salida al parque o simplemente sentarse y sentir el sol en la cara pueden ayudar a tu hijo a salir de un estado de ánimo bajo. Basta con 10-15 minutos para notar los beneficios, pero no olvides ponerle protección solar una vez transcurrido ese tiempo para evitar quemaduras.

CAPÍTULO 4

Cultivar una mentalidad positiva

La forma en que pensamos
influye en toda nuestra vida,
y tu hijo no es diferente.
Cada vez que desafiamos
nuestros patrones de
pensamiento habituales,
se crean nuevas vías neuronales.
Pensar de un modo nuevo requiere
práctica y cada vez que elegimos
una mentalidad positiva
en lugar de una negativa
estas nuevas vías se refuerzan,
lo que mejora el humor,
aumenta la confianza
y alivia la ansiedad.
Sigue leyendo para obtener ideas
sobre cómo ayudar a tu hijo
a crear nuevos y positivos patrones
de pensamiento.

Gratitud

Se cree que la gratitud es la clave de una actitud positiva ante la vida. Si se practica a diario, la gratitud puede transformar una actitud negativa, aliviar el sistema nervioso y calmar una mente ansiosa. Sentir y expresar gratitud por las cosas grandes y pequeñas nos recuerda lo afortunados que somos, incluso cuando la vida no es perfecta o las cosas parecen difíciles.

Prueba a hacer una lista de tres cosas por las que estás agradecido y mira si tu hijo puede hacer lo mismo. Puedes incluir cualquier cosa en la lista: cosas grandes o pequeñas, serias o tontas. Tal vez puedas hacer que esta lista de agradecimiento pase a formar parte de tu rutina de desayuno y cada día se te ocurran cosas nuevas por las que estar agradecido.

Escenarios de representación

Si existe una situación concreta que provoca ansiedad en tu hijo, puede ser útil representar la situación para ayudarle a cambiar de perspectiva.

A los niños más pequeños les puede resultar más provechoso representar los posibles resultados con juguetes, mientras que los mayores probablemente preferirán representarlos contigo.

Deja que tu hijo te guíe: puede ser una forma excelente de aprender cómo funciona su mente; explora las posibilidades buenas y malas e introduce poco a poco resultados más positivos en la representación.

Lo que puedes controlar y lo que no

Los niños ansiosos suelen pasar mucho tiempo preocupados por cosas que escapan a su control, por lo que puede ser útil que tu hijo entienda qué puede controlar y qué no. Puedes incluso imprimir una lista y pegarla en la pared. Intenta añadir tus propias ideas a la lista, orientadas a las cosas que preocupan a tu hijo:

Lo que puedo controlar:
Mis palabras
Mis acciones
Mis ideas
Mi esfuerzo

Lo que no puedo controlar:
Las palabras de los demás
Las acciones de los demás
Los sentimientos de los demás
Las reacciones de los demás
Las ideas de los demás
El esfuerzo de los demás

Un simple recordatorio como este puede ayudar a calmar la mente preocupada de tu hijo.

Meditar juntos

Pensar en exceso suele ser un rasgo de la ansiedad. Puede ser agotador y muy difícil salir de una espiral de pensamientos negativos. Aquí es donde la meditación puede resultar útil. Podríais meditar juntos a la misma hora cada semana y, con la práctica, tu hijo podría utilizarlo cada vez que se sienta ansioso.

Pídele que se concentre en su respiración durante tres inspiraciones y tres espiraciones profundas. Si está muy agobiado, puede ayudarle escribir primero sus pensamientos, de modo que pueda dejarlos físicamente a un lado.

Respira con tu hijo y háblale con calma mientras lo haces: «Inspira por la nariz, espira por la boca».

Continúa durante un tiempo determinado; empieza por un minuto. Dile a tu hijo que no se preocupe si su atención se desvía, que eso forma parte de la meditación. Que la devuelva poco a poco a la respiración. No se trata de ser bueno o malo en meditación, se trata simplemente de práctica.

Hablarse a uno mismo con amabilidad

Pídele a tu hijo que escuche su voz interior. Todos tenemos una y la de tu hijo puede ser especialmente desagradable, crítica o temerosa. A menudo puedes escuchar su voz interior cuando siente que ha metido la pata o está a punto de hacer algo que le intimida. Presta atención a los términos absolutos, como «siempre» o «nunca», porque pueden ser señales de una voz interior acosadora.

Pregúntale a tu hijo: «¿Le hablarías así a tu mejor amigo?». Si la respuesta es negativa, entonces debería ajustar su autoconversación para incluir la compasión y la comprensión hacia sí mismo.

Es más fácil decirlo que hacerlo, pero con la práctica tu hijo aprenderá a ignorar a los matones que lleva dentro y a creer en su mejor amigo interior.

Los pensamientos no son hechos

El hecho de que tu hijo piense que va a fracasar no significa que sea cierto. Lograr una mentalidad más positiva es un proceso lento y debe hacerse pensamiento a pensamiento.

Los pensamientos son como cuentos. Puede que tengan algo de verdad, pero siempre hay otra forma de contar la historia.

Por ejemplo, puedes cambiar la historia «Voy a fracasar» por «Voy a esforzarme al máximo», «Voy a tener éxito» o «Si no soy perfecto, de todos modos estaré bien».

Prueba con diferentes historias de pensamientos y mira cuál le resulta más cómoda a tu hijo.

Pensamiento positivo

Cultivar una mentalidad positiva o de «crecimiento» ayudará a liberar a tu hijo de la idea de que es probable que se repitan los errores del pasado.

Una mentalidad de crecimiento valora la experiencia y la imperfección por encima de hacer las cosas bien a la primera. En lugar de «No puedo hacerlo», dice: «Aún no puedo hacerlo».

Hacer algo bien al cien por cien a la primera es algo asombroso, pero a menudo se debe a la suerte. Cuando cometemos errores o fracasamos es cuando aprendemos de verdad. Anima a tu hijo a ver el fracaso como una parte esencial del éxito y cada error o contratiempo como una oportunidad para mejorar y crecer.

Autoconfianza

La ansiedad puede tener su origen en la falta de confianza del niño en su propio juicio y sus capacidades. Míralo de este modo: si crees que podrás afrontar los contratiempos, no te preocuparás tanto por lo que pueda salir mal.

Intenta asignar a tu hijo algunas responsabilidades domésticas sencillas y adecuadas a su edad. Puede que ponga los ojos en blanco, pero ese gesto va más allá de las tareas del hogar: le demostrará que confías en él. Cuando vea que es capaz de realizar estas tareas —y que lo que hace importa y es apreciado por los demás—, aumentarán sus niveles de autoestima.

CONSEJO
50

Perfeccionismo

El perfeccionismo puede ser paralizante. La ansiedad derivada del perfeccionismo impedirá a tu hijo probar cosas nuevas, ser creativo y desarrollar todo su potencial.

Un buen antídoto contra el perfeccionismo es ver cómo lo que creíamos un modelo de conducta es en realidad imperfecto. Lo creas o no, tú eres un modelo para tu hijo. Así que no dudes en meter la pata y cometer errores de vez en cuando. Da un paso en falso y vuelve al buen camino, tropieza y ríete de ello: todo depende de cómo respondas a tus propias imperfecciones.

Lo superarás

Cuando tu hijo expresa preocupación por algo que podría ocurrir, puede resultar tentador desestimar la preocupación y explicarle lo improbable de que suceda. Sin embargo, las estadísticas no calman la ansiedad. Siempre existe la posibilidad de que ocurra, y eso es lo que mantiene el pensamiento ansioso dando vueltas en la cabeza de tu hijo.

En lugar de eso, tranquiliza a tu hijo diciéndole que, aunque ocurra algo malo, lo superará. Podéis elaborar un plan de acción para mantener la calma y resolver el problema, o representar la situación dejando que tu hijo tome la iniciativa. Esta puede ser una forma gradual de ayudar a tu hijo a enfrentarse a sus miedos.

Compararse

Gran parte de la ansiedad infantil puede provenir de observar a otros niños y compararse con ellos. Esto es perfectamente normal y es casi seguro que todos los demás niños hacen lo mismo. También es muy probable que otros niños admiren en secreto cualidades de tu hijo. Recuérdale esto cuando se sienta menos capaz que sus compañeros.

Hazle saber a tu hijo que es maravilloso tal como es y que lo que hagan, parezcan o consigan los demás no disminuye ni aumenta su valía.

CONSEJO
53

Solo hay que hacer dos cosas

Cuando tu hijo se sienta abrumado, recuérdale que solo hay que hacer dos cosas: la primera es respirar y la segunda es la tarea que tiene frente a sí.

Puede ser útil dividir aquello que le cuesta hacer en partes más pequeñas, como la pregunta en la que está trabajando o los siguientes pasos que debe dar.

Además, la tarea que tiene frente a sí casi siempre puede esperar, por lo que respirar se convierte en la única cosa de su lista de tareas pendientes durante un rato.

Este ejercicio es una forma útil de devolver la mente del niño al momento presente y alejarla de pensamientos ansiosos sobre el pasado o el futuro.

Interesarse por los pensamientos

Puede ser útil enseñar a tu hijo una estrategia para calmar sus pensamientos. Puedes recordar el acrónimo NAID, que significa:

Nómbralo, Acéptalo, Interésate, Déjalo ir

Cuando surja un pensamiento o sentimiento inquietante o ansioso, tu hijo puede:

- ▶ **Nombrarlo** diciendo (para sí mismo o en voz alta): «Me siento X».
- ▶ **Aceptarlo** permitiéndole estar, sabiendo que no puede hacerle daño y que pasará.
- ▶ **Interesarse por la sensación o el pensamiento:** ¿qué lo ha provocado? ¿En qué parte del cuerpo lo siente? ¿Qué le está diciendo?
- ▶ Luego, cuando el pensamiento o sentimiento esté listo para pasar, **dejarlo ir** sin intentar apartarlo o aferrarse a él.

Este ejercicio puede realizarse en la cabeza del niño, en voz alta, escrito en un diario o en un trozo de papel. Es bueno introducir este tipo de práctica cuando está tranquilo, ya que puede ser útil con cualquier emoción.

Fobias

Una fobia es un miedo extremo o irracional, y a veces la ansiedad de los niños proviene de un lugar que parece irracional; por ejemplo, un monstruo debajo de la cama. Conviene recordar que la idea que tiene un niño de lo que es racional e irracional no está tan desarrollada como la de un adulto. ¡A tu hijo estas cosas no le parecen descabelladas!

Es tentador tachar este tipo de preocupaciones de «tonterías». Pero trata de mirar más allá del objeto de la ansiedad de tu hijo y céntrate en la emoción en sí. Lo que tu hijo te está pidiendo es que le tranquilices. Es importante validar sus sentimientos. Puedes utilizar frases como: «Eso suena realmente aterrador». O hacerle preguntas como: «¿Qué sientes en tu cuerpo ahora mismo?». O incluso: «¿De qué color es el pijama del monstruo?».

Sin embargo, si una fobia está empezando a tener un impacto negativo en la vida cotidiana de tu hijo, lo mejor es pedir cita para hablar de ello con su médico de cabecera.

CAPÍTULO 5

Crear un entorno tranquilo en casa

Los niños
son especialmente
sensibles al mundo que los rodea
y un entorno tranquilo
es más propicio para una
mente tranquila.

Este capítulo examina
algunos de los factores
menos obvios que pueden afectar
a nuestro estado de ánimo.
Unos pocos retoques
para conseguir un ambiente
más tranquilo en casa
pueden suponer una
gran diferencia.

Comer bien

Lo que tu hijo ingiere repercute en su estado de ánimo. El exceso de azúcar, sal y alimentos procesados puede provocar cansancio, irritabilidad y ansiedad. Los niños pueden ser quisquillosos y es importante no convertir las comidas en un campo de batalla, así que intenta trabajar con los alimentos que ya les gustan y con aquellos con los que están familiarizados. Opta por alternativas bajas en azúcar (pero busca edulcorantes naturales en lugar de aditivos químicos) a sus golosinas favoritas, asegúrate de que su fruta favorita esté siempre en el frutero y no te pases con el salero al cocinar. Pequeños cambios saludables como estos pueden ayudar a tu hijo a regular su estado de ánimo a lo largo del día.

Mantenerse hidratado

Se ha comprobado que la deshidratación aumenta los niveles de cortisol, la hormona del estrés. Sus efectos —aumento del ritmo cardíaco, sequedad de boca, mareos y dolores de cabeza— también pueden imitar los de la ansiedad, lo que significa que tu hijo podría sentir una mayor ansiedad simplemente porque no tiene suficiente agua en el cuerpo. Merece la pena regalar a tu hijo una botella de agua de la que se sienta orgulloso y que le anime a mantenerse hidratado. Un buen trago de agua levanta el ánimo al instante y una hidratación adecuada ayuda a regular las emociones, además de mejorar el sueño y la digestión.

Estirarse

Estirarse libera la tensión retenida en el cuerpo, proporcionando un impulso instantáneo de energía relajante. Un simple estiramiento, como estirar los brazos hacia el techo, es un buen hábito que tu hijo puede convertir en lo primero que haga por la mañana, o puede hacer estiramientos más instintivos.

También puedes probar algunos movimientos de yoga con tu hijo, como la postura del gato, de la vaca o del niño. Busca movimientos de yoga para niños en internet. Anima a tu hijo a estirarse siempre que se sienta tenso o ansioso: eso le ayudará a liberar el exceso de tensión y a equilibrar su estado de ánimo.

Desconectar para dormir

La ansiedad puede afectar enormemente al sueño, ¡y un niño con dificultades para dormir afecta enormemente al resto de la familia! Aprender a relajarse y a dejar de lado las preocupaciones por la noche es una valiosa habilidad vital.

Asegúrate de que tu hijo sigue una rutina adecuada y previsible a la hora de acostarse *(consulta la página 88)*, que incluya el autocuidado y el tiempo libre de pantallas.

Es posible que notes que tu hijo busca atención de muchas maneras a la hora de acostarse. Intenta mantener la calma y responde a estas llamadas de atención. Ya sea «tengo sed», «una página más» o «hay un monstruo debajo de mi cama», lo que tu hijo te está pidiendo en realidad es que le tranquilices.

Hacer del hogar un lugar de positividad

Prueba a colocar mensajes positivos en tu casa, donde tu hijo pueda verlos. Tarjetas, notas adhesivas, páginas de revistas o tus citas favoritas: puedes encontrar positividad en cualquier sitio. Cada vez que veas un mensaje tranquilizador, edificante o relajante, escríbelo, recórtalo o imprímelo, pégalo en la nevera, en la pared o fíjalo en un corcho.

Ver palabras breves y fáciles de recordar llenas de positividad de forma regular a medida que avanza su día contribuirá a dar a tu hijo pequeños impulsos.

Rutina

A los niños les gusta saber qué pueden esperar y qué se espera de ellos. Seguir una rutina regular al principio y al final del día ayudará a tu hijo a sentirse tranquilo, cómodo y seguro.

Si hay una fase concreta del día o una parte de la rutina que provoca una mayor ansiedad en tu hijo, puedes descomponerla aún más. Dedica a esta parte del día un tiempo extra para eliminar la presión y háblale con calma sobre la tarea que tiene entre manos. Por ejemplo, si ir al colegio es un momento estresante para tu hijo, recuérdale que lavarse los dientes, ponerse los zapatos y caminar hasta el final de la calle es todo lo que tiene que hacer en ese momento. Lleva la rutina paso a paso y mantén la calma.

Crear una relación sana con las pantallas

El entretenimiento basado en pantallas aumenta la excitación del sistema nervioso central, lo que puede exacerbar la ansiedad, por lo que es una buena idea tanto poner límites a la cantidad de tiempo que tu hijo pasa utilizando ordenadores o viendo la televisión, como prestar atención a las formas en que utiliza la tecnología.

Es difícil encontrar un equilibrio, sobre todo porque cada vez más tareas escolares y comunicaciones se hacen por ordenador. Lee sobre seguridad en internet (siempre en sitios de confianza) y procura crear una actitud segura y adaptada a la edad hacia las pantallas, tanto en tu caso como en el de tu hijo. Céntrate en la calidad más que en la cantidad, asegurándote de que tu hijo utiliza la tecnología de forma positiva y responsable.

Busca formas de utilizar la tecnología que permitan conectar con los demás, como juegos a los que podáis jugar juntos. Intenta modelar un uso saludable de las pantallas estableciendo límites claros que todos en casa deban respetar.

Autocuidado

Aprender a responsabilizarse de sus propias necesidades físicas hasta cierto punto ayuda a los niños
a tener una sensación de control y confianza en sí
mismos. Aunque a menudo puede resultar más rá-
pido que hagas tú mismo las cosas —como lavarles los
dientes o cepillarles el pelo a los niños más pequeños
y prepararles la comida y la bebida a los mayores—,
intenta aflojar un poco las riendas en lo que se refiere
al autocuidado.

Asegúrate de que tu hijo pueda acceder a todo lo
que necesite; por ejemplo, que esté lo bastante bajo
como para que pueda alcanzarlo o que lo guarde en
su propia habitación. Puedes recordárselo y ayudarle
un poco si lo necesita, pero deja que tu hijo aprenda
cuándo y cómo atender sus propias necesidades.

Tiempo de descanso

La vida moderna puede ser muy ajetreada. Con actividades extraescolares, competiciones durante el fin de semana y deberes que se comen su tiempo libre, nuestros hijos también están más ocupados que nunca.

Si tienes la sensación de que tu hijo tiene demasiados compromisos, valora qué puedes recortar. Pregúntale si cada actividad merece el tiempo, el espacio y la energía que le requiere.

Más tiempo libre significa más tiempo para el juego no estructurado, la relajación y la creatividad, más oportunidades para ser espontáneo, para conectar con los demás o simplemente para respirar y vivir el momento.

Ansiedad social

Los sentimientos de ansiedad ante situaciones sociales se conocen como «ansiedad social». Interactuar con los demás puede ser una fuente de ansiedad para muchos niños y es posible que notes que tu hijo empieza a evitar pasar tiempo con sus compañeros.

Aunque puede resultar tentador proteger a tu hijo de las situaciones sociales, intenta encontrar formas de que se sienta cómodo con los demás. Esto puede significar ver solo a un amigo cada vez y elegir actividades en las que la conversación sea menos importante (como el cine o la natación). También puedes ayudar a tu hijo a desarrollar las habilidades relacionadas con el cultivo de la amistad, como buscar intereses comunes, hacer preguntas y sugerir actividades.

Tómatelo con calma: un pequeño y valiente paso cada vez, y recuerda elogiarlo y animarlo mucho. Socializar aumenta la sensación de bienestar, así que, aunque la perspectiva le dé miedo, tu hijo se sentirá mejor.

Salud intestinal

Los investigadores están descubriendo una relación cada vez más estrecha entre la salud intestinal y la salud mental, por lo que tiene sentido que te asegures de que tu hijo ingiere suficientes alimentos y bebidas saludables para el intestino. Intenta incluir en la dieta de tu hijo muchos de los siguientes alimentos:

- **Plátanos**
- **Avena**
- **Frutas y verduras sin pelar, como manzanas y zanahorias**
- **Cereales integrales**
- **Yogur natural**

Puedes añadir un polvo probiótico adecuado para niños a un batido o animarle a probar alimentos fermentados como el *chucrut* o la kombucha. También es una buena idea dejar que se ensucien en el jardín, que se acurruquen con sus mascotas y evitar el uso excesivo de productos de limpieza antibióticos: la exposición a una amplia gama de bacterias también ayudará a fortalecer su salud intestinal.

Rutina a la hora de acostarse

Conciliar el sueño puede ser increíblemente difícil para los niños ansiosos, por lo que una rutina ansiolítica a la hora de acostarse es imprescindible.

La rutina de tu hijo puede incluir un baño caliente con aceite de lavanda, leer juntos, acurrucarse contigo y, tal vez, escuchar música relajante. Antes de acostarse también es un momento excelente para escribir un diario *(véase la página 38)*, ya que ayuda a despejar la mente del niño antes de dormir.

Si a tu hijo le cuesta dormirse, ayúdale a ponerse lo más cómodo posible y ponle su audiolibro favorito. Puedes decirle: «No pienses demasiado en dormir. Tu cuerpo se beneficiará del descanso, así que lo único que tienes que hacer es acurrucarte y concentrarte en el cuento».

Quitarle la presión de dormirse puede ser la clave para ayudarle a relajarse.

Normas de la casa

Convoca una reunión familiar y redacta en equipo una lista de normas de la casa. Saber exactamente dónde están los límites aporta una sensación de seguridad que puede ayudar a calmar la ansiedad.

Cada familia es diferente, así que piensa en lo que es importante para ti y lo que contribuirá a una vida hogareña armoniosa.

Intenta elaborar una serie de normas con las que todos estén de acuerdo y colócalas en un lugar visible. Recuerda que todo el mundo tiene que cumplir las normas de la casa, ¡incluso los adultos!

Afirmaciones en el espejo

Se ha comprobado que repetir frases cortas y positivas que empiecen por «Soy...» o «Puedo...» aumenta la autoestima y el optimismo, calma la mente y ayuda a combatir la ansiedad.

Prueba a decorar el espejo de tu hijo (o el espejo del baño si no tiene uno propio) con afirmaciones en notas adhesivas.

Aquí tienes algunas ideas para empezar:

+ **Soy alguien seguro de sí mismo.**
+ **Soy alguien que siempre se esfuerza al máximo.**
+ **Puedo hacer cosas difíciles.**

Si las pegas en un espejo, tu hijo verá estos mensajes cada vez que vea su propia cara, lo que lo reforzará.

CAPÍTULO 6

Habilidades para la vida

En este capítulo
exploraremos algunas
de esas situaciones complicadas
que suponen un reto y provocan
ansiedad a cualquier edad,
y cómo dar a tu hijo algunas
herramientas y estrategias
para manejarlas
con confianza
y compasión.

Enseñar a resolver conflictos

Muchos padres tratan instintivamente de proteger a sus hijos de los conflictos: la confrontación suele ser una fuente de ansiedad tanto para los niños como para los adultos. Pero al proteger a nuestros hijos de los desacuerdos, les impedimos aprender una valiosa habilidad para la vida: la resolución de conflictos.

Sigue los pasos que se indican a continuación para ayudar a tu hijo a encontrar soluciones por sí mismo.

✦ Deja que ambas partes digan lo que tengan que decir. Si es necesario, puedes ayudar a tu hijo a expresarse: «No me gusta cuando».

✦ Evita culpar y repite cuál es el problema.

✦ Deja que tu hijo proponga una solución. Si eso no funciona, vuelve al punto 1.

✦ Si tu hijo consigue sentirse cómodo defendiéndose y colaborando cuando surgen conflictos, verá aumentar su confianza y aprenderá que puede resolver cualquier problema.

Expresar grandes emociones con seguridad

Las rabietas pueden ser difíciles de manejar y, desde luego, no se limitan a los primeros años de vida. Cuando tu hijo arremete contra ti (o contra otros) y pierde el control de su cuerpo, puede ser la expresión de una ansiedad abrumadora.

Todas las emociones están bien, pero no todos los comportamientos lo están. Si crees que tu hijo va a hacerse daño a sí mismo, a otra persona o a la propiedad de alguien, es hora de abordar su comportamiento y trasladarlo a un lugar seguro.

En lugar de intentar detener por completo las acciones de tu hijo, redirige su energía emocional hacia algo que pueda golpear, patear, lanzar o morder con seguridad. Los cojines y los sofás son una alternativa útil. Puedes decirle: «No puedes pegarme, pero puedes pegarle a este cojín», por ejemplo.*

Como alternativa, se recomienda una serie de técnicas tranquilizadoras para animar a tu hijo a probar, tales como respirar lentamente, contar hasta diez y apretar y aflojar los puños para liberar la tensión en el cuerpo.

_____

* Fuente: Heather Shumaker

Temas delicados

A veces los niños hacen las preguntas más incómodas, y es difícil saber cómo responder. Puede surgir mucha ansiedad cuando los niños conocen un fragmento de la verdad, así que una vez que lleguen las inevitables preguntas sobre temas complicados como el sexo, la muerte o la política, ¡sé sincero!

Dale a tu hijo una respuesta directa, precisa y adecuada a su edad. Estate preparado para la tristeza o el enfado —las realidades de la vida pueden ser difíciles de aceptar para un niño— y asegúrate de validar cualquier emoción que pueda sentir tu hijo.

Si aún no te sientes seguro para responder, puedes decir: «Buena pregunta, te responderé adecuadamente cuando lleguemos a casa». También es buena idea buscar libros sobre el tema dirigidos a los niños de su edad.

Cómo mantener los límites

Decir «no» es lo más fácil. La parte difícil de la autodefensa de tu hijo es mantenerse firme si a la otra persona no le gusta o no respeta su «no». Esto puede representar para él una fuente de gran ansiedad, ya que puede sentirse más cómodo haciendo cosas que no quiere para evitar el conflicto.

Es importante instruir a los niños acerca de los límites desde que son pequeños. Que su cuerpo y su mente les pertenecen, y que si alguien se molesta por su «no», eso no significa que hayan hecho algo malo.

Del mismo modo, es esencial que inculques a tu hijo el respeto por los límites de los demás. Enséñale a respetar el «no», y también que oír «no» no significa ser mala persona.

Escuela

La escuela puede traer una plétora de cosas por las que estar ansioso. Dinámicas sociales complejas, exámenes, carga de trabajo, acoso escolar..., la lista es interminable.

Hazle saber a tu hijo que eres su aliado en lo relativo al colegio. Aunque no estés con él en el día a día, cuando algo le cause angustia aprovecha para demostrarle que estás de su lado.

Habla con su profesor o con los padres de otros niños implicados. Pide cambios y busca soluciones con tu hijo. Deja que tu hijo vea que le tomas en serio y le defiendes, y se sentirá seguro acudiendo a ti con sus preocupaciones.

Relaciones

Ya sean los mejores amigos, los compañeros de estudio, los novios, las novias o la falta de amigos, las relaciones pueden traer complicaciones, confusión y ansiedad a todas nuestras vidas desde una edad muy temprana.

Por supuesto, las relaciones también son fuente de alegría, diversión y apoyo mutuo, y las amistades sanas son esenciales para un buen bienestar mental.

Pero cuando surgen conflictos, es importante que tu hijo sepa cómo afrontarlos *(véase la página 93)*. Asegúrate de que tu hijo sepa que tiene derecho a sentirse bien en sus relaciones, que las otras personas nunca deben hacerle daño emocional o físico. Y lo más importante: es mejor estar solo que con alguien que no te trata bien.

Ansiedad por separación

Desgraciadamente, la ansiedad por separación no es exclusiva de los primeros días de colegio. Puede aparecer casi a cualquier edad y ser bastante embarazosa para los niños mayores.

Hay muchas estrategias para aliviar la ansiedad por separación, desde objetos de consuelo hasta «botones de abrazo» (un corazón dibujado en la mano para apretar cuando necesitan un poco de consuelo), pero la clave para dominar ese difícil momento de la despedida es mantener la calma, la empatía y la intuición. Aprender a desenvolvernos cuando estamos lejos de las personas más cercanas es una habilidad para toda la vida. Cuanto más seguros estemos de nuestras capacidades y del amor de nuestros padres, más dominaremos la separación.

Atención plena para niños

La atención plena (*mindfulness*) consiste en estar en el momento presente y concentrarse en lo que se está haciendo utilizando todos los sentidos. Puede practicarse en cualquier momento y lugar, pero una forma sencilla de enseñar atención plena a los niños es a través de la comida.

La próxima vez que os sentéis a comer juntos, pídele que mire, toque, huela, escuche y pruebe su comida como si fuera la primera vez que la ve. Puede ser un ejercicio divertido, así que únete a él y mira también con atención tu propia comida.

Se ha comprobado que la atención plena mejora el estado de ánimo, la capacidad de regulación emocional y la autoestima tanto en niños como en adultos, al tiempo que reduce la ansiedad y el estrés.

Autocalmarse

Aunque consolar a tu hijo y estar a su lado es muy importante, sobre todo cuando tiene problemas emocionales, el objetivo final es ayudarle a que aprenda a calmarse por sí mismo.

Esto no se consigue «endureciéndole» y dejándole que se las arregle solo. Negarle consuelo simplemente le enseña a no pedir ayuda y puede conducir a mecanismos de afrontamiento poco saludables.

Los niños aprenden a regular mejor sus propias emociones cuando les damos las herramientas para que reconozcan su estado emocional, así que háblale de las emociones a lo largo del día *(véase la página 19)*. Si la ansiedad de tu hijo parece ir en aumento, sugiérele una de sus actividades relajantes favoritas (véase el capítulo 2) antes de que el agobio sea excesivo. Cuanto más le enseñes a hacerlo, mejor se dará cuenta por sí mismo.

Aprender a descansar

Cuando hay mucho que hacer, la ansiedad puede poner el descanso al final de la lista de prioridades de cualquiera. Si tu hijo se siente abrumado por las tareas, enséñale a priorizar, a marcarse un ritmo y, sobre todo, a descansar.

Puedes dibujarle una tabla en la que se desglosen las tareas por urgencia, plazo y duración. Asegúrate de incluir también los descansos en su horario, para demostrarle que son tan importantes como los deberes, los repasos, los clubes deportivos o los proyectos.

Ayúdale a ocuparse de las tareas una a una, tachándolas sobre la marcha.

Tolerar la incomodidad

Sentirse incómodo forma parte de la vida. La incomodidad de ser principiante, por ejemplo. De forma natural, nuestro cerebro busca acabar con la incomodidad y puede hacernos actuar de diversas formas, conscientes e inconscientes, para devolvernos a la familiaridad. Por ejemplo, nos disuadimos de aprender una nueva habilidad criticando nuestras capacidades o el valor de la propia habilidad.

Comprender que se puede soportar la incomodidad e ignorar los pensamientos de ansiedad o de autosabotaje es una habilidad útil. La meditación es una herramienta excelente para dominarla, ya que el meditador practica la observación y el distanciamiento de sus pensamientos.

Una vez que los niños son capaces de tolerar la incomodidad producida por la ansiedad y desprenderse de los pensamientos negativos que conlleva, encuentran el valor para enfrentarse a sus miedos.

Las opiniones de los demás

Sentirse incomprendido o juzgado por los demás es duro. La ansiedad por lo que los demás puedan pensar de nosotros puede provocar noches de insomnio, aislamiento social y pérdida de amistades.

Es difícil, pero puedes ayudar a tu hijo a sentirse comprendido escuchándole activamente, validando sus sentimientos y diciéndole que tienen sentido *(véase la página 14)*.

Puedes explicarle con delicadeza que no va a gustarle a todo el mundo y que no todo el mundo le va a entender —imagina lo extraño que sería ser el mejor amigo de todo el mundo— y que a pesar de ello todo seguirá teniendo sentido y será querido por sus más allegados.

Nutrir al artista que lleva dentro

Independientemente de la trayectoria profesional que elija tu hijo, la creatividad puede y debe formar parte de la vida de todos a cualquier edad. Los efectos terapéuticos de la creatividad son innegables, desde la curación de traumas hasta la reducción del estrés y la ansiedad.

Para inculcarle la creatividad desde el principio, deja que tu hijo te vea ser creativo. Haz garabatos o baila sin pensar en la calidad o la habilidad técnica. La creatividad no es «buena» o «mala», lo importante es el juego y la expresión.

Anima a tu hijo a ser creativo a su manera (*véase la página 52*) y exhibe sus creaciones con orgullo por toda la casa.

Cultivar la autoconfianza

Aprender a confiar en sí mismo preparará a tu hijo para la vida. Al igual que la confianza en los demás, la confianza en uno mismo se gana, así que deja que tu hijo confíe en sí mismo en determinadas situaciones para demostrarse que es digno de confianza.

La clave para enseñarle a confiar en sí mismo es reconocer que tu hijo es el mayor experto en sí mismo. Por ello, como padre o madre, es importante evitar decirle cómo se siente o cómo debería sentirse. Por ejemplo, si dice que no tiene frío, no le obligues a ponerse un abrigo. Si insiste en que no necesita ir al baño, confía en su palabra. Darle autonomía de este modo le demostrará que puedes confiar en su propio juicio y que, aunque tome una decisión desafortunada, puede cambiar de opinión y aprender de sus errores.

CAPÍTULO 7

Mirar hacia uno mismo

●

Los niños aprenden
muchos gestos emocionales
de sus padres, así que es necesario
que observemos nuestras propias
acciones cuando pensamos en el
bienestar emocional de nuestros hijos.
Esto puede resultar incómodo,
pero recuerda siempre que lo estás
haciendo lo mejor que puedes con los
conocimientos que tienes y nunca
es tarde para hacer
cambios positivos.

●

Identificar tus puntos de estrés

¿Hay algún momento del día en el que la ansiedad de tu hijo casi siempre aumenta? Es probable que le tengas pavor a ese momento, anticipando la angustia o el comportamiento difícil de tu hijo en los instantes previos. A menudo no podemos evitar estas partes de la rutina diaria, pero podemos hacer ajustes que reduzcan nuestro propio estrés y liberen un poco de presión.

Si las dificultades se concentran en la salida de casa, probad a poneros los zapatos cinco minutos antes.

La hora de la comida puede ser un campo de batalla: ¿podría tu hijo servirse a sí mismo para tener un poco de control sobre lo que hay en su plato?

Si la hora de acostarse es un punto de estrés, prueba a darte un baño justo después de apagar las luces. No estar disponible pero sí cerca puede ayudar a tu hijo a relajarse.

Repensar la «necesidad»

Todo el mundo tiene necesidades, ¡incluso los padres! Muchos de nosotros crecemos sintiéndonos incómodos al pedir lo que necesitamos —ya sea descanso, atención, claridad, un aumento de sueldo, una disculpa— y esto nos lleva a irritarnos cuando las necesidades de nuestros hijos nos parecen demasiado.

Intenta dejar de juzgar las necesidades de tu hijo y las tuyas propias.

Cuando nos aseguramos de que nuestras propias necesidades emocionales y físicas están cubiertas —y recuerda que, como adulto, es tu responsabilidad asegurarte de que así sea—, tenemos más paciencia, espacio y tiempo para nuestros hijos. Modelar un autocuidado saludable ayudará a tu hijo a crecer seguro de sí mismo al pedir lo que necesita y sabiendo que merece que esas necesidades se satisfagan.

Predicar con el ejemplo

Deja que tu hijo vea que a ti también te afligen las preocupaciones. Esto le ayudará a ver que no está solo en sus sentimientos.

Intenta expresar en mayor medida tus emociones, independientemente de lo que sientas. Por ejemplo, si te preocupa una reunión importante en el trabajo, habla con tu hijo de tus sentimientos (sin agobiarle con tus preocupaciones) y explícale las estrategias que piensas utilizar para reducir tu ansiedad. Y, lo que es más importante, demuéstrale que vas a ir a por ello aunque te dé miedo o te parezca arriesgado.

Ver que eres valiente ayudará a tu hijo a aumentar su confianza y a comprender que los adultos no son perfectos y que la valentía es una habilidad para toda la vida.

Utilizar la atención plena

Volver al momento presente es una habilidad increíblemente útil. Si se domina, se adquiere la capacidad de encontrar la calma en cualquier situación. Nos ayuda a hacer una pausa antes de reaccionar y a mantener la calma ante comportamientos desafiantes.

Intenta estar plenamente presente ahora mismo. Siente cómo se mueve el aire dentro de tu cuerpo al respirar, fíjate en los sonidos y olores que te rodean y en el tacto de la ropa sobre tu piel.

La próxima vez que sientas que tus niveles de estrés aumentan debido a las presiones en el trabajo o a una situación complicada relacionada con la crianza de tus hijos, regresa a este sentimiento.

Practicar la atención plena con regularidad ayuda a reducir el estrés y la ansiedad, además de mejorar el estado de ánimo y contribuir a conciliar el sueño.

Autocuidado para padres y madres

¡Cuidarse no es egoísta! Es fácil que nos olvidemos de nosotros mismos cuando hay personas pequeñas que dependen de nuestro cuidado, especialmente cuando una de esas personas pequeñas tiene problemas.

Tú también eres un ser humano y tan merecedor de descanso, límites y realización como cualquier otro.

El autocuidado es diferente para cada persona. A algunos les apetece descansar, mientras que otros disfrutan de la libertad de correr en solitario. Puede que lo que necesites sea desprenderte de una responsabilidad pesada o dedicarte a una nueva afición creativa.

Emplear tiempo en recargar las pilas para ser tu mejor versión, la más tranquila y feliz, será un buen ejemplo para tus hijos, que se beneficiarán de un padre o una madre más sanos, menos estresados y con más energía.

Repensar las «travesuras»

Lo que calificamos como «travesura» suele ser una expresión de ansiedad y angustia. Los niños carecen de la capacidad de verbalizar emociones complejas y actuar es a menudo la forma más eficaz de llamar la atención de los adultos que los rodean.

Si lo miras desde este punto de vista, puede serte más fácil empatizar con tu hijo. Empieza por asegurarle que todo está bien. Intenta nombrar la emoción: «Creo que te sientes preocupado, ¿no es cierto?». Solo tienes que estar cerca de él, con toda la calma y tranquilidad que puedas.

Si las emociones difíciles se afrontan con empatía en lugar de con resistencia, tu hijo se sentirá comprendido, querido y aceptado.

Pedir perdón

Todos los padres metemos la pata alguna vez. Levantamos la voz, proferimos amenazas que no pensamos cumplir o utilizamos un lenguaje hiriente. En primer lugar, perdónate a ti mismo. No eres más que un ser humano.

Cuando cometemos errores relacionados con la crianza, lo más importante es que repares tu relación con tu hijo.

Discúlpate, haz las paces, explica tus acciones y déjale claro a tu hijo que no se merecía ni provocó lo ocurrido.

Al hacerlo, restableces la confianza entre tu hijo y tú. También le enseñas a expresar sus emociones y a comportarse cuando comete un error o hace daño a alguien.

Practicar la aceptación

Intentar resistirte a lo que siente tu hijo o a lo que te dice puede generar mucha frustración. Es fácil que sientas que estás fracasando como padre si tu hijo tiene dificultades. Pero aceptar el presente no significa que estés contento con él o que no quieras cambiarlo. Intenta dejar de lado el impulso de minimizar, negar o exagerar aquello por lo que está pasando tu hijo. Es un ser humano complejo e imperfecto, como tú.

Cuando aceptas la situación actual, liberas tu mente para trabajar en soluciones en lugar de estresarte por cómo has llegado hasta aquí.

Ser amable con uno mismo

Fíjate en cómo hablas de ti mismo y del mundo que te rodea: ¿qué te dices cuando cometes un error? ¿Y cuando piensas en algo nuevo que te gustaría probar?

Si tienes una voz interior dura o crítica, puede resultar muy incómodo empezar a desafiarla. Hablar en positivo puede parecer poco auténtico o contrario al sentido común.

Nuestra forma de vernos a nosotros mismos y de entender el mundo influye mucho en nuestros hijos. Tu hijo capta subconscientemente tu visión del mundo y absorbe esos mensajes, creando su propia voz interior.

Empieza por lo que dices en voz alta: encuentra algo positivo que decir de ti mismo cuando te mires al espejo, en lugar de buscar defectos. Habla con esperanza sobre un nuevo desafío, en lugar de predecir el fracaso.

CAPÍTULO 8

Obtener ayuda

●

Puede que decidas
que la ayuda externa es la mejor
opción para tu hijo.
Esto es algo que entra en la esfera
personal de cada familia, así que confía
en tu propio criterio. Pedir ayuda de
cualquier tipo es un signo de fortaleza
y amor hacia tu hijo; nunca debes
sentirte culpable o avergonzado
por hacerlo.

●

Cuándo pedir ayuda

No hay un momento equivocado o correcto para pedir ayuda externa. Si la salud mental de tu hijo está teniendo un efecto negativo en su vida, es buena idea buscar apoyo adicional.

A muchos padres les preocupa que los profesionales médicos les consideren demasiado sensibles. También existe el mito de que ignorar la ansiedad hará que desaparezca por sí sola. Si eres de los que piensan así, ¡te equivocas!

Empieza por hablar con el colegio de tu hijo y con tu médico de familia. Ellos podrán aconsejarte sobre los siguientes pasos. También puedes acudir directamente a un terapeuta para exponerle tus preocupaciones.

Autoayuda

Los libros de autoayuda pueden ser un gran recurso para equiparnos mejor de cara a la crianza, tanto si decides buscar ayuda externa como si no. Hay muchos, tanto para adultos como para niños; aquí te recomiendo algunos:

PARA ADULTOS:

+ *Cómo superar la ansiedad y la depresión*, de Joseph J. Luciani
+ *El libro que ojalá tus padres hubieran leído,* de Philippa Perry
+ *Terapia eficaz para la ansiedad*, de Edmund J. Lourne y Lorna Garano

PARA NIÑOS:

+ *Miedo a tener miedo,* de Anna San Molina
+ *Don't Worry, Be Happy (Una guía para que los niños superen la ansiedad),* de Poppy O'Neill

Hablar con tu hijo sobre la ayuda profesional

Si decides concertar una cita con tu médico de cabecera, asegúrate de informar a tu hijo de lo que va a ocurrir en cada momento. Implícale en la toma de decisiones, escucha sus preocupaciones, valídale y tranquilízale. Trátalo como si fuera a buscar ayuda para un problema de salud física.

Es probable que el médico le haga preguntas sobre la escuela, la vida familiar, las relaciones y la salud física, así como sobre sus pensamientos y sentimientos.

Hazle saber que está bien tener dudas, que está bien tomarse un respiro y que está bien decir «no» a cualquier cosa con la que no se sienta cómodo.

Preparación para una visita al médico

Resulta útil llevar un registro de cómo afecta la ansiedad a tu hijo a lo largo de una semana o varios días. Para ello, puedes puntuar las emociones del uno al diez o llevar un diario o un registro de su estado de ánimo, junto con tu hijo o por separado.

Si la visita al médico es una fuente de ansiedad para tu hijo, intenta representar la cita con él y luego cambiad los papeles. Como siempre, escucha, valida y tranquiliza a tu hijo.

Organizar un plan para después de la cita —como una noche de cine o un chocolate caliente juntos en una cafetería— a veces también puede ayudar.

Tomar decisiones

Puede que sea difícil saber qué es lo que hay que hacer para ayudar tu hijo cuando tiene dificultades, sobre todo si cuentas con la opinión de profesionales. El acrónimo BRAIN* puede ayudarte:

- **Beneficios:** ¿Cuáles son los beneficios de esta decisión?
- **Riesgos:** ¿Cuáles son los riesgos?
- **Alternativas**: ¿Qué alternativas hay?
- **Intuición:** ¿Qué te dice tu instinto?
- **Nada:** ¿Y si no hacemos nada, o esperamos a ver qué pasa?

Debes saber que tú eres quien mejor conoce a tu hijo, y es importante que te impliques y hables con él sobre cualquier decisión relacionada con su cuidado.

---

* Fuente: doulatoothers

Adoptar un enfoque holístico

Aunque el bienestar emocional de tu hijo es la máxima prioridad en tiempos de crisis, también merece la pena considerar el estilo de vida de tu hijo de forma holística. Garantizar que todos los aspectos de su vida sean lo más saludables posible le ayudará a convertirse en un joven fuerte y emocionalmente inteligente.

Asegúrate de que tu hijo tiene suficiente:

+ **Juego**
+ **Tiempo en la naturaleza**
+ **Ejercicio**
+ **Tiempo para pensar**
+ **Amigos**
+ **Tiempo en familia**
+ **Acceso a los libros**
+ **Acceso a materiales creativos**

Si crees que tu hijo tiene carencias en alguna de estas áreas, estudia cómo podrías añadir más de ella a su vida diaria. En este libro encontrarás muchas ideas que te servirán de inspiración.

Tipos de ayuda disponibles

Existen diversas formas de apoyo y terapia de las que puede beneficiarse tu hijo, como la terapia de juego, la terapia artística, la psicoterapia, la terapia con animales, la terapia cognitivo-conductual (TCC), la atención plena y la terapia familiar.

La oferta disponible dependerá de tu lugar de residencia, de las necesidades individuales de tu hijo y de tus circunstancias personales. Habla con tu médico y con el colegio de tu hijo, busca en tu localidad y pide recomendaciones a padres que hayan estado en una situación similar.

Déjate ayudar

Cuando tu hijo tiene problemas de ansiedad, puedes sufrir mucho. Asegúrate de que, como padre o madre, también dispones de todo el apoyo necesario. Al principio puede resultar difícil pedir ayuda, pero debes saber que las personas que se preocupan por ti querrán estar a tu lado.

Puedes pedir a los abuelos que hagan de canguro, reservarte un café con tus amigos más íntimos o crear un grupo de apoyo de padres de tu zona para compartir experiencias.

Desahogarte y hablar de cómo te sientes y de cómo te está afectando la experiencia aliviará tu carga y te ayudará a sentirte menos solo.

Mirar al futuro

La ansiedad forma parte de una vida emocional sana, por lo que erradicarla por completo de la mente de tu hijo no es posible ni deseable. El objetivo es dar a tu hijo las herramientas necesarias para que afronte la ansiedad normal cuando surja, y saber reconocerla y pedir ayuda si se vuelve abrumadora.

Quizás desees ofrecerle apoyo adicional en épocas de cambio o estrés, como el inicio de un nuevo curso escolar, una mudanza, la pubertad o los exámenes, ya que se trata de circunstancias que pueden desencadenar un aumento de los niveles de ansiedad.

Recuerda confiar siempre en tu instinto y hablar regularmente con tu hijo de las emociones, tanto de las buenas como de las malas.

CONCLUSIÓN

Espero que este libro te haya servido de inspiración y estímulo. No existe una solución única para la ansiedad, porque cada niño y cada mente humana son diferentes. Cuando reconoces los problemas de tu hijo y buscas la orientación de profesionales de la salud, le estás dando la mejor oportunidad de dominar la ansiedad y convertirse en un adulto mentalmente fuerte, resiliente y emocionalmente sano.

A medida que aumenta la concienciación sobre la salud mental, también lo hace la aceptación. Recuerda siempre que tu hijo no está solo y tú tampoco. Cada vez que hablas con honestidad y empatía llevas a cabo un acto de valentía y amor.

¡Adelante!

Lecturas complementarias

El libro que ojalá tus padres hubieran leído, de Philippa Perry

Cómo superar la ansiedad y la depresión, de Joseph J. Luciani

Terapia eficaz para la ansiedad, de Edmund J. Lourne y Lorna Garano

Future-Self Journal, de Nicole LePera, también conocida como The Holistic Psychologist

Miedo a tener miedo, de Anna San Molina

Don't Worry, Be Happy (Una guía para que los niños superen la ansiedad), de Poppy O'Neill